Novo

uma História que fala de Jesus e de seus seguidores

Projeto e Realização:
Diocese de Osasco

Coordenação e Texto:
Ir. Mary Donzellini - MJC

Ilustrações e Editoração Eletrônica:
Glória Mª. C. da Silva

O Antigo Testamento e o Novo Testamento se completam. O Antigo anuncia e prepara a vinda do Messias, o nosso Salvador e o Novo realiza esta vinda.
O Novo Testamento inicia com o grande acontecimento: o anúncio do Anjo à Maria, uma jovem que ia se casar com José e morava em Nazaré.
Um dia, um anjo apareceu para ela com um recado de Deus. Ele disse:
"Maria, tenha grande alegria porque você foi escolhida por Deus para ser a mãe de um menino, que será chamado Jesus.

"Ele será grande e o
seu reino não terá fim ...
O Espírito Santo virá sobre você,
e o seu filho será chamado
Filho de Deus"

Aconteceu que o Imperador César Augusto baixou uma lei para que as pessoas do Império Romano fizessem o recenseamento nas cidades onde nasceram.

Maria e o seu esposo José partiram para Belém, na Judéia, para cumprir esta lei.

E eles não encontrando lugar para ficar, Jesus foi nascer numa manjedoura.

Perto de Belém, havia pastores que cuidavam de seus rebanhos.

De repente, uma luz brilhou na escuridão e um anjo apareceu, dizendo:

"Trago boas notícias para vocês. Hoje, em Belém, nasceu um menino, que será a salvação de todo o povo".
E os anjos cantaram:
"Glória a Deus no mais alto dos céus e paz na terra aos homens a quem ele ama".

Quando se completaram os dias de
purificação conforme a Lei de
Moisés, o menino foi apresentado
no templo de Jerusalém para ser
consagrado ao Senhor.
Foi oferecido em sacrifício
um par de pombinhas.

Simeão tomou
o menino
nos braços
e louvou
a Deus.

Jesus morou em Nazaré,
aldeia situada na Galiléia. Como
bom judeu, aprendeu as Escrituras
na Sinagoga, que freqüentava,
aos sábados, para rezar.

Aprendeu a profissão do pai, José. Por isso, foi chamado de filho do carpinteiro. Quando completou 12 anos, seus pais o levaram a Jerusalém. No caminho de volta para casa, perceberam que o menino não estava com eles. Foram encontrá-lo no Templo conversando com os doutores, que se surpreendiam com seu conhecimento.

Quando Jesus iniciou a sua vida pública, João Batista, filho de Zacarias e Isabel, andava pelo deserto da Judéia, às margens do Rio Jordão, anunciando ao povo a vinda do Messias. Suas palavras eram exigentes, fortes e radicais. Ele batizava as pessoas que o seguiam e pregava a penitência como sinal de mudança de vida e de conversão a Deus.

Jesus, chegando de Nazaré da Galiléia, também foi batizado por João Batista, no rio Jordão.
Um dia, Herodes, chefe da região, mandou matar João Batista porque a sua pregação incomodava as pessoas que não viviam de acordo com a lei de Deus.
João Batista morreu decapitado, por causa da sua coragem em pregar a justiça e a fraternidade.

A vida pública de Jesus durou, mais ou menos, três anos. Jesus fez uma opção: ser amigo dos pobres e dos oprimidos. Um dia, numa sinagoga, ele leu um trecho do profeta Isaías que falava do seu programa:

- anunciar a boa notícia aos pobres;
- dar vista aos cegos, libertar os oprimidos
- e proclamar o ano da graça de Deus.

Jesus viveu no meio de pessoas simples: os pobres, os cegos, os coxos, os leprosos e todos aqueles que não tinham chance de se libertarem. Anunciou um Reino onde todos devem ter direito à vida, na fraternidade.

"Busquem o Reino de Deus e sua justiça e tudo mais Deus dará a vocês por acréscimo".

Jesus ensinava aos seus seguidores, geralmente, por meio de parábolas. As suas mensagens, muitas vezes, eram acompanhadas com prodígios e sinais para manifestar que o Reino de Deus estava presente. Assim, os milagres fortificavam a fé das pessoas; mostravam também o poder de Jesus, sinal do amor de Deus.

Lemos no Evangelho inúmeros milagres realizados por Jesus: curou cegos, mudos, aleijados, leprosos, ressuscitou mortos, etc.

Às vezes, Jesus recusava fazer milagres, porque muitos não acreditavam nele e porque outros desejavam que ele fosse o Salvador, mesmo sem participar de seu programa de libertação.

Na noite em que foi entregue à morte, Jesus tomou o pão e, depois de dar graças, partiu-o e disse: "Isto é o meu Corpo", do mesmo modo, tomou o cálice, dizendo: "Este cálice é o meu Sangue, o Sangue da Nova Aliança. Fazei isto em memória de mim".

Celebrava-se, nesta data, uma das maiores festas judaicas: a Páscoa.

E Jesus celebrou, nessa refeição, a Nova Páscoa e deixou para todos nós um Novo Mandamento: "Amar uns aos outros como ele nos amou".

Jesus quis ficar sempre conosco. Por isso, nesta refeição ele se tornou Alimento:

a Eucaristia,

que nos dá forças para caminhar na fraternidade.

Na mesma noite da ceia com os apóstolos, Jesus foi traído por seu amigo Judas; foi preso e submetido a julgamento pela autoridade judaica e romana.
A flagelação é executada como terrível castigo.
Os soldados romanos divertiam-se à custa de Jesus, coroando-o com espinhos, zombando dele, chamando-o de "rei dos judeus".

Levado por medo e por interesses políticos, Pôncio Pilatos, embora convencido da inocência de Jesus, condenou-o à morte por crucifixão, suplício dado a escravos e a cidadãos não romanos.

A morte e ressurreição de Jesus revela que ele é, verdadeiramente, o Filho de Deus, o Salvador dos pecadores, o Messias prometido.

Cristo morreu, foi sepultado e ressuscitou ao terceiro dia, segundo as Escrituras.

As mulheres acompanharam Jesus na sua paixão, morte e ressurreição. Depois de três dias, o túmulo foi encontrado vazio e Jesus aparece vivo para seus seguidores e seguidoras que anunciaram a ressurreição.

Depois da vinda do Espírito Santo, em Pentecostes, os seguidores de Jesus, liderados por Pedro, se organizaram em comunidades, para partilhar seus dons e seus bens e para fazer celebrações da Morte e Ressurreição de Jesus, através da Eucaristia.
Assim, começou a vida da primeira comunidade cristã. Jerusalém, a cidade onde aconteceu a Paixão, Morte e a Ressurreição de Jesus, foi também o berço da Igreja.

Uma das ordens mais claras e precisas que Jesus deu a seus discípulos e discípulas foi a de ir por todo o mundo, levando o anúncio da salvação.
Os primeiros séculos foram, para os cristãos, tempo de luta e perseguições e, apesar disso, eles não ficaram desanimados na difusão do anúncio.

Paulo, o perseguidor de cristãos, tornou-se um seguidor de Jesus, levando as boas novas a todo o mundo romano. Ele é aprisionado e levado a Roma. Depois da ressurreição de Jesus e da vinda do Espírito Santo, em Pentecostes, os discípulos:

- pregam para anunciar Jesus Ressuscitado aos judeus e, depois, aos pagãos;
- celebram o Ressuscitado na liturgia, especialmente na Eucaristia;
- catequizam os recém-batizados.

Os primeiros discípulos se unem a outros, principalmente a Paulo e levam a Boa Nova à Ásia Menor, à Grécia e até Roma.

Os cristãos entram na Igreja sem serem obrigados a se tornar primeiramente judeus: é a decisão do Concílio de Jerusalém, no ano 50.

Entre os anos de 51 a 63, Paulo escreve cartas às diversas comunidades.

Segundo a tradição, Paulo e Pedro, sofreram o martírio em Roma, provavelmente entre os anos de 64 a 68, durante a perseguição de Nero.

No ano 70, os romanos destróem Jerusalém. A nova Igreja se separa do judaísmo, que preferiu a liderança dos fariseus e rejeitou Jesus como Messias.
Nascem e se desenvolvem os ministérios e serviços à comunidade.
A Igreja expande-se rapidamente, sobrevive à perseguição e cresce em número e em força.

LIVROS DO NOVO TESTAMENTO

Os livros do Novo Testamento foram escritos entre os anos 50 e 100, aproximadamente. Compreendem escritos feitos pelas comunidades dos apóstolos ou pelos seus discípulos.
O NT reúne 27 livros, todos escritos durante o primeiro século depois de Cristo.
O evangelho segundo **MATEUS**, redigido nos anos 90, é dirigido aos cristãos vindos do judaísmo.
É o evangelho do Reino.
O evangelho segundo **MARCOS** é o primeiro evangelho a ser escrito; registra, por volta do ano 70.
O evangelho enfoca que Jesus, o Cristo, é o Filho de Deus.

O evangelho segundo **LUCAS**, pagão convertido e companheiro nas viagens de Paulo, foi escrito entre os anos 80 e 90, para as comunidades de antigos pagãos. Revela a atenção de Jesus com as mulheres, com os pobres e os pecadores, a presença do Espírito Santo e o clima de alegria e de oração.
O evangelho segundo **JOÃO**, escrito entre os anos 95 e 100, apresenta um resumo teológico sobre Jesus Cristo; distingue-se dos outros três evangelhos que são chamados de sinóticos (Mateus, Marcos e Lucas).

OS ATOS DOS APÓSTOLOS,

escrito de Lucas, nos anos 90, relata a vida das primeiras comunidades, a ação missionária de S. Pedro e de S. Paulo e o anúncio da Boa Nova, desde Jerusalém, no ano 30, até Roma, no ano 61.

AS CARTAS DE SÃO PAULO

foram escritas antes dos Evangelhos. São cartas pastorais que procuram iluminar os problemas enfrentados pelas comunidades cristãs.
A Bíblia apresenta as cartas de Paulo pelo tamanho (da maior para a menor) e não pela ordem cronológica na qual foram escritas.

São elas: Carta aos Romanos; Gálatas; 1 Tessalonicenses; 1 e 2 Coríntios; Filipenses e Filemon. (escritas por Paulo).
E as deutero-paulinas (escritas pelos seus discípulos entre os anos 70 e 100): 1 e 2 Timóteo e Tito e as restantes Cartas Pastorais: Efésios; Colossenses e 2 Tessalonicenses.
É desconhecido o ator da CARTA AOS HEBREUS, embora seja atribuída a Paulo. Este escrito apresenta Cristo como único mediador entre Deus e os homens.
São chamadas de CARTAS CATÓLICAS as que foram atribuídas: uma a Tiago, duas a Pedro, três a João e uma a Judas, o irmão de Tiago.

O último livro do NT é o
APOCALIPSE
ou Livro da Revelação,
escrito por João,
por volta do ano 100.
Este livro mostra
as lutas e as perseguições
aos cristãos.
A sua linguagem não é fácil
de ser compreendida.
O livro é dirigido
às Igrejas ameaçadas
por perseguições,
e por isso, que é chamado
de livro da esperança.